3ᵉ Edition

SOLFÉGE

OU

Manuel musical

DES

ENFANTS

PAR

CHANAT FRÈRES

PARIS,
LIBRAIRIE MUSICALE
ALPHONSE LEDUC 35 rue Le Peletier
Propriété réservée

Lettre de Monsieur Aug: PANSERON
Chevalier de la légion d'honneur
Professeur au Conservatoire Impérial de
Musique de Paris.

à M.M. CHANAT frères.

Mes chers Amis,

Je viens de lire avec grand intérêt votre
petit Solfège et ne puis que l'approuver, car il
montre que vous avez bien profité des leçons
de notre conservatoire ainsi que de mes conseils.

Recevez l'assurance des sentiments d'estime
de votre affectionné serviteur.

A. PANSERON.

NOTIONS THÉORIQUES.

La Musique s'écrit sur cinq lignes.

La réunion de ces cinq lignes se nomme PORTÉE.

Les caractères de musique se nomment NOTES.

Les notes se placent sur les lignes et entre les lignes.

Les petites lignes qui servent à placer les notes en dehors de la portée, se nomment lignes Additionnelles.

Le signe placé au commencement de la portée se nomme CLEF, il donne son nom à la note placée sur la même ligne

Il y a trois sortes de Clefs qui s'emploient selon la nature des voix ou des Instruments.

La Clef de SOL la Clef de UT et la Clef de FA

Toutes ces différentes Clefs ont la propriété de donner leur nom à la note placée sur la même ligne, ce qui sert de point de départ pour la nomenclature des autres lignes et interlignes.

La voix de Soprano, étant spécialement écrite sur la Clef de sol nous étudierons donc spécialement cette Clef; elle se place sur la seconde ligne, (les lignes se comptent à partir de celle du Bas.)

Pour nommer les notes, on se sert de sept syllabes, qui sont : DO. RÉ. MI. FA. SOL. LA. SI.

La succession de ces notes en répétant la première, se nomme GAMME

Les notes qui se placent sur les lignes sont: MI. SOL. SI. RÉ. FA.

Les notes qui se placent entre les lignes sont FA. LA. DO. MI.

On appelle Ton et Demi-ton, la distance plus ou moins grande des degrés de la gamme.

La gamme se compose de Cinq tons et deux demi-tons, classés dans l'ordre suivant: *Deux tons et un demi-ton; Deux tons et un demi-ton;* ce qui forme deux progressions semblables qui sont :

1° DO. RÉ. MI. FA. 2° SOL. LA. SI. DO.

(1) On peut se servir de la main comme d'une portée.

VALEURS DES NOTES

Les différentes valeurs s'indiquent par diverses figures de notes savoir:
la RONDE ○ ; la BLANCHE ♩ la NOIRE ♩ la CROCHE ♪
la DOUBLE CR: ♪ la TRIPLE CR: ♪ :

A la vue de signes que l'on nomme *Silences* on interrompt la voix .
Il y a un silence équivalent à chaque figure de note savoir ;
la PAUSE ▬ ; la ¼ pause ▬ ; le soupir ⁊ ; le ½ soupir ;
le ¼ de soupir ⁊ ; le demi ¼ de soupir ⁊

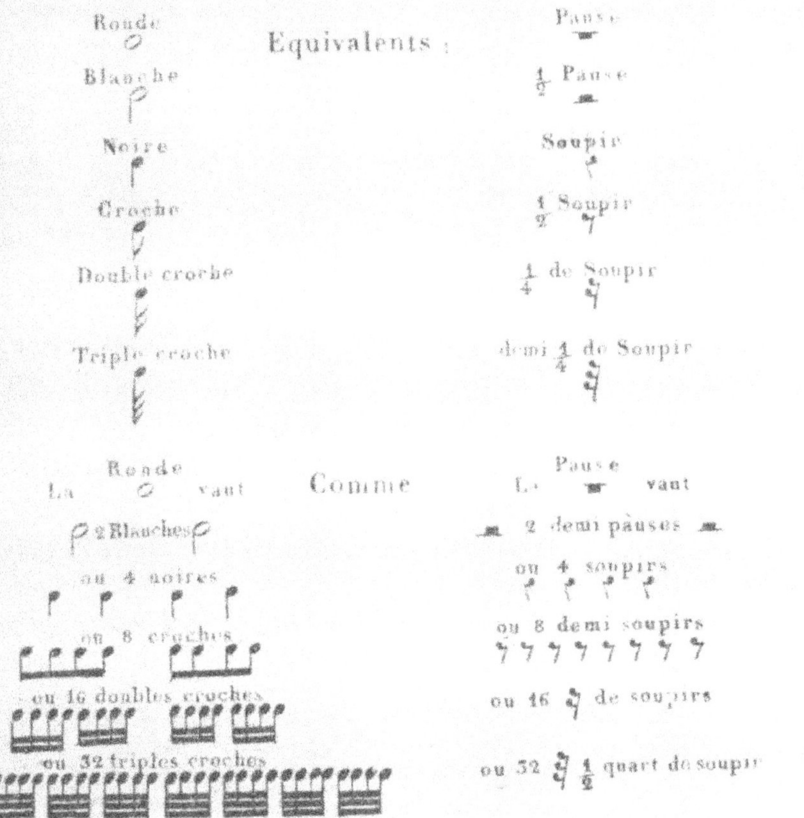

(1) Remarque. La pause se place sous la ligne (4.ᵉ) et la demi pause se place sur la
ligne (3.ᵉ) Le soupir a la tête tournée à droite et le ½ soupir a la tète tournée à gauche
(forme du numéro 7.) Lorsqu'il y a une suite de croches, doubles croches, triples croches, etc.
on les réunit en un groupe p.ʳ chaque temps, et la simple Barre ou la double Barre en
remplace le simple Crochet ou le double crochet .

DE LA MESURE.

La MESURE est la division de la durée des notes en parties éga_
les que l'on nomme TEMPS; chaque mesure se trouve renfermée entre
deux petites barres verticales Ex :

Il y a trois mesures principales :

La mesure à 4 temps, qui s'indique par un C ou un $\frac{4}{4}$.

La mesure à 3 temps, qui s'indique par la fraction $\frac{3}{4}$

La mesure à 2 temps, qui s'indique par la fraction $\frac{2}{4}$.

(La ronde étant la valeur génératrice, ces diverses indications de
mesure, représentent des fractions de la ronde.)

Valeur des notes		Valeur des silences.	

La Ronde est une durée de 4 temps. COMME la Pause est un silence de 4 temps.

La Blanche est ___ de 2 temps. la $\frac{1}{2}$ Pause est ___ de 2 temps.

La Noire est ___ de 1 temps. le Soupir est ___ de 1 temps.

La Croche est ___ d'un $\frac{1}{2}$ temps. le $\frac{1}{2}$ Soupir est ___ d'un $\frac{1}{2}$ temps.

La Double cr ___ d'un $\frac{1}{4}$ de temps. le $\frac{1}{4}$ de soupir est ___ d'un $\frac{1}{4}$ de t :

La Triple cr ___ d'un demi $\frac{1}{4}$ de temps. le $\frac{1}{2}$ quart de soup est d'un demi $\frac{1}{4}$ de t :

DU RHYTHME.

Le RHYTHME consiste dans la division en fractions des parties de
la mesure qu'on appelle TEMPS.

Le Rhythme qui contient dans ses temps des fractions paires, se
nomme Rhythme *Binaire*.

Le Rhythme qui contient dans ses temps des fractions impai_
res, se nomme Rhythme *Ternaire* [1]

Ex : Rhythme Binaire mesure à $\frac{2}{4}$

Rhythme Ternaire mesure à $\frac{6}{8}$

La lecture rhythmique consiste à nommer et à donner la valeur
aux notes, sans y joindre l'intonation.

[1] Lorsque le Rhythme Ternaire est contenu dans un rhythme Binaire, c'est-à-
dire qu'il y a 3 notes pour la valeur ordinaire de deux, on le désigne par un 3, c'est
ce que l'on nomme TRIOLET.

Il y a deux sortes de mesures, les mesures simples et les mesures composées.

Les mesures Simples renferment 2 croches pour chaque temps.

Les mesures Composées renferment 3 croches pour chaque temps.

MESURES SIMPLES.   MESURES COMPOSÉES.

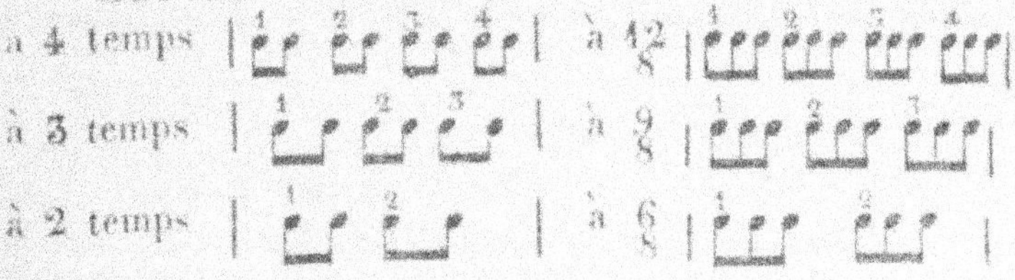

à 4 temps   à 12/8   Il y a encore la
                              mesure à 3/8 qui ne
à 3 temps   à 9/8   se compose que
                              de 3 croches, une
à 2 temps   à 6/8   pour chaque temps;
                              elle se bat par
                              conséquent à 3
                              temps et se compose
                              de 3 huitièmes de la valeur ordinaire

DES MOUVEMENTS.

On entend par Mouvements, les différents degrés de Lenteur ou de Vitesse attribués à la mesure.

Ces degrés s'indiquent par des mots Italiens placés en tête du morceau.

Les principaux sont :

Degrés de Lenteur.   Degrés de Vitesse.

Lento. Adagio. Andante. Andantino. | Vivace. Allegro. Allegretto.

DES INTERVALLES.

La distance d'un son à un autre se nomme Intervalle.

Les intervalles se désignent en raison du nombre de degrés qu'ils renferment du point de départ à la destination.

De DO à RÉ. Intervalle de SECONDE. distance qui comprend deux notes successives de la gamme: Comme de RÉ à MI, (MI à FA)(FA à SOL) etc.

de DO à MI. Intervalle de TIERCE (distance qui comprend trois notes successives de la gamme: Comme de (RÉ à FA)(MI à SOL)(FA à LA) etc.

de DO à FA. Intervalle de QUARTE (distance qui comprend 4 notes successives de la gamme: Comme de (RÉ à SOL)(MI à LA)(FA à SI) etc.

de DO à SOL. Intervalle de QUINTE (distance qui comprend 5 notes successives de la gamme: Comme de (RÉ à LA)(MI à SI)(FA à DO) etc.

de DO à LA. Intervalle de SIXTE (distance qui comprend 6 notes successives de la gamme: Comme de (RÉ à SI)(MI à DO)(FA à RÉ) etc.

de DO à SI. Intervalle de SEPTIÈME (distance qui comprend 7 notes successives de la gamme: Comme de (RÉ à DO)(MI à RÉ)(FA à MI) [1]

de DO à DO. Intervalle d'OCTAVE ou 8ᵉ (distance qui comprend 8 notes successives de la gamme: Comme de (RÉ à RÉ)(MI à MI)(FA à FA) etc.

(1)   On procède par ordre ascendant.)   A.L. 2340.

DES SIGNES ALTÉRATIFS.

On appelle *Signes altératifs*, les signes qui placés devant une note, en altèrent l'intonation, soit en la haussant d'un demi-ton, soit en l'abaissant, ou en rétablissant la note altérée dans son ton naturel.

Ces signes sont:

Le Dièze ♯ qui hausse la note d'un demi-ton.

Le Bémol ♭ qui abaisse la note d'un demi-ton.

Le Bécarre ♮ qui remet la note dans son état naturel. (1)

Il y a deux sortes de demi-tons : le demi-ton Diatonique et le demi-ton Chromatique;

Le demi-ton Diatonique est celui qui change de nom.

Ex : Mi^{et} Fa   Si^{et} Do.
½tons de la gamme naturelle

Le demi-ton Chromatique est celui qui ne change pas de nom, c'est-à-dire dont la même note est altérée.

Ex : Do, ^{et} Do ♯ : Ré ^{et} Ré ♯ : Si ^{et} Si ♭ : Ré ^{et} Ré ♭ :

La gamme qui n'est formée que de demi-tons se nomme GAMME CHROMATIQUE. Les Intervalles de la gamme naturelle sont majeurs, en les haussant d'un ½ ton ils deviennent augmentés, et en les baissant d'un ½ ton ils deviennent diminués.

DU POINT APRÈS LA NOTE.

Le point après la note, l'augmente de la moitié de sa valeur Une blanche pointée vaut 3 noires, une noire pointée vaut 3 croches une croche pointée vaut 3 doubles croches, une double croche pointée vaut 3 triples croches.

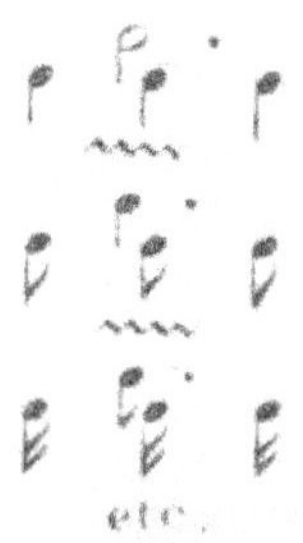

L'effet du point est le même pour les valeurs de Silences, que pour les valeurs de Notes.

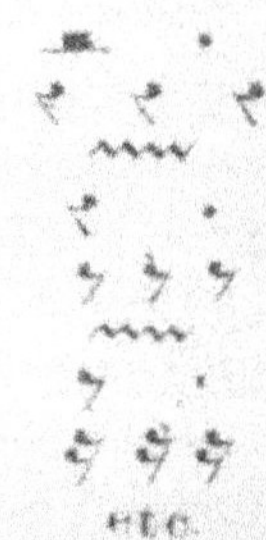

(1) Il y a encore le double dièze ♯♯ ou ✗ qui hausse la note d'un ton et le double bémol ♭♭ qui abaisse la note d'un ton.
A. L. 2340.

DE LA SYNCOPE.

On entend par syncope la prolongation d'une note commen_
çant par un temps faible, sur un temps Fort. Il faut accentuer
légèrement la prolongation.

DE L'ACCORD PARFAIT.

On appelle *Accord*, la réunion de plusieurs sons combinés
selon les lois de modulation(1)

On appelle Accord parfait, la réunion des trois notes carac_
téristiques de la gamme, ces notes sont: la 1.re ou *Tonique*, la
3.e ou *Médiante*(milieu de l'accord) la 5.e ou *Dominante* la plus
élevée des trois et qui domine par son apparition plus fréquente
ce qui nous donne en partant de la gamme de Do : DO. MI. SOL. (2)

DU MODE.

Mode, veut dire manière d'être de la *Tonalité* et la tonalité
consiste dans la manière d'être de l'accord parfait.

Il y a deux modes, le mode *Majeur* et le mode *Mineur*.
L'accord parfait est majeur lorsque sa tierce est composée de 2 tons
L'accord parfait est mineur lorsque sa tierce n'est composée
que d'un ton et un $\frac{1}{2}$ ton.

Le mode majeur a un caractère Franc, Expensif.

Le mode mineur a un caractère Sombre, Mélancolique.
Chaque mode majeur a son relatif mineur qui se trouve 2 notes
au_dessous.
(Ton relatif mineur veut dire, formé invariablement des mê_
mes notes que le majeur, une tierce mineure au_dessous.

Ex: DO_RÉ_MI_FA_SOL_LA_SI_DO . Supprimez les deux
notes en descendant la gamme, on a la gamme relative mi_
neure, LA_SOL_FA_MI_RÉ_DO_SI_LA.

La *Mélodie* est une succession de notes qui offrent à l'oreille, un sens
complet et agréable.

(1) *L'harmonie* est une suite d'accords selon les lois de modulation.

(.2) Les 3 notes de l'accord parfait se nomment : 1.re tonique; 3.e médiante;
5.e dominante. Les autres notes prennent leur nom générique suivant la place
qu'elles occupent au_dessus ou au_dessous de ces 3 notes. La 7.e note de la gam_
me se nomme Sensible, en raison de la sensibilité qu'elle cause à l'oreille, et
qui nécessite un repos sur la tonique.

8

DE LA FORMATION DES TONS.

La gamme se trouve formée de deux progressions semblables Composées chacune de Deux tons et Un demi-Ton

DO — RÉ — MI ♯ FA   SOL — LA — SI ♯ DO

En prenant chacune de ces progressions, pour point de départ d'une autre gamme, l'une ascendante (Sol. La. Si. Do. Ré. Mi. Fa. Sol.)

L'autre descendante   Fa. Mi. Ré. Do. Si. La. Sol. Fa.

On remarque qu'il faut dièzer le *Fa* dans la gamme *Sol-La-Si Do-Ré-Mi-Fa-Sol* pour que les proportions de tons et de demi-tons soient conformes à la gamme génératrice *Do. Ré. Mi. Fa. Sol. La. Si. Do.*

On remarque aussi que dans la gamme *Fa. Mi. Ré. Do. Si. La. Sol. Fa.* Il faut bémoliser le Si pour qu'elle soit conforme au modèle *Do. Si. La. Sol. Fa. Mi. Ré. Do.*

Le premier dièze que l'on rencontre en sortant de la gamme naturelle, est donc Fa et le premier bémol Si.

En continuant de la même manière, c'est-à-dire en prenant chaque nouvelle progression pour point de départ d'une gamme, on trouve d'une part l'ordre des Dièzes   *Fa. Do. Sol. Ré. La. Mi. Si.* et de l'autre l'ordre des Bémols   *Si. Mi. La. Ré. Sol. Do. Fa.*

Les dièzes ainsi que les bémols trouvés dans ces différentes gammes, faisant partie inhérentes de ces gammes, (ou tonalités) se marquent à la Clef, et ne sont plus considérés comme dièzes ou bémols accidentels.

DES NUANCES.

On entend par *Nuances* les différents degrés de force ou de faiblesse, attribués aux notes.

Les principaux caractères de nuances sont :

le forte *f* le piano *p* le crescendo ⟨crescendo⟩ et le decrescendo.

Le crescendo indique qu'il faut arriver insensiblement de *P*. a *f*.

Le decrescendo indique qu'il faut arriver insensiblement de *f*. a *P*.

Filer un son, c'est prolonger le son en passant insensiblemet du *P* au *f* et revenir de la même manière du *f* au *P*. Ex

Le Signe liaison sert à lier deux ou plusieurs notes.

Dans les passages ascendants, on emploie généralement le crescendo et dans les passages descendants on emploie le decrescendo

DES APPOGIATURES (ou petites Notes.)

La petite note placée devant une note ordinaire, prend le nom de cette dernière et en partage la valeur, à moins qu'elle ne soit indiquée brève, par un petit trait qui la traverse Ex:

Une suite de petites notes c'est à dire un (Grupetto) s'ajoute aux valeurs ordinaires, mais ne fait point partie de la mesure.

SIGNES USUELS.

et Indépendants des figures de notes et de silences.

Reprise. | 1:° fois. | 2:° fois. |

Remplacer la 1:° fois par la 2:° à la reprise de la phrase.

Renvois

Retourner au même signe

D. C. al

Da capo (revenir au commencement.

Point d'orgue.

Suspendre la note ou le silence.

Signes abréviatifs.

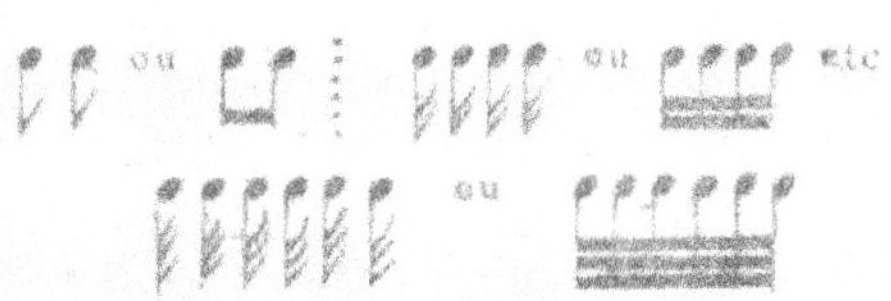

les Barres remplacent les crochets et unissent les notes de même valeur.

Accolade { l'accolade sert a réunir plusieurs parties d'un morceau, il faut prendre à la fin de chaque ligne sa place correspondante, dans l'accolade qui suit.

DE LA VOCALISATION.

On appelle Vocaliser, Chanter sur une seule Voyelle.

On doit s'attacher à émettre chaque son, d'une manière franche, nette, et éviter de traîner la voix d'une note à l'autre.

DE LA DICTÉE MUSICALE.

La dictée musicale consiste d'abord dans l'appréciation des Intervalles; cette appréciation consiste en une note donnée qui sert de point de départ à un intervalle voulu, que l'élève doit trouver seul

Après l'étude de dictée sur les sons naturels, l'élève trouvera facilement les Intervalles altérés par le moyen de leurs homonymes naturels, qu'il haussera ou abaissera d'un demi-ton selon l'altération de la note dièzée ou bémolisée.

L'appréciation des intervalles ne complète pas l'Etude de la dictée musicale, il faut après cette appréciation, joindre la mesure à l'intonation.

PORTÉE.

A. L. 2340.

(1) Les voix d'Enfants occupant la partie supérieure d'une partition, il est important que l'étude du solfège, les amène à émettre tous les sons de diapason de leur voix d'une manière nette, franche, mais sans efforts (surtout pour les notes élevées.) On doit donc s'attacher dès le début à soigner l'émission en observant rigoureusement les nuances indiquées.

(1) Il faut marquer également et distinctement chaque temps.

A. L. 2340.

N.º 8.
N.º 9.
N.º 10.
1er. temps. 2e temps.

(1) L'union de deux ou plusieurs sons rendus à la fois, se nomme *Accord*
(2) Le signe ———— indique qu'il faut lier les notes.

INTERVALLES

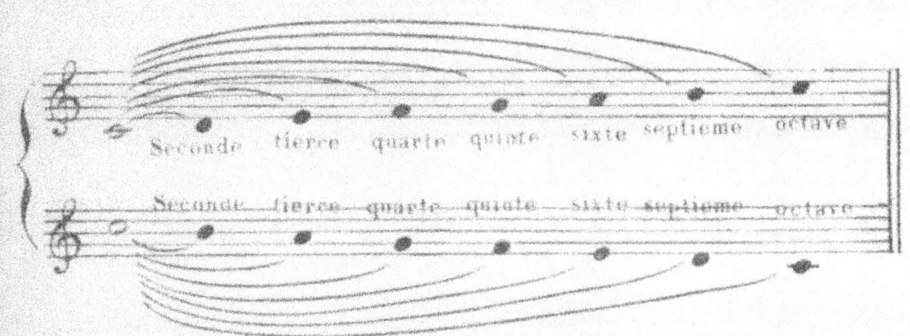

INTERVALLE DE SECONDE.

N.° 23. (1)

(1) Faire la lecture *rhythmique* de cet exercice avant de le solfier
Nommer les notes et y joindre l'intonation respective c'est ce
que l'on appelle *Solfier*.   A. L. 2346.

INTERVALLE de TIERCE

(1)   Faire la lecture rhythmique de cet exercice avant de le solfier
et ainsi de suite pour tous les autres exercices d'intervalles.

A. L. 2340.

INTERVALLE de QUARTE.

INTERVALLE de QUINTE.

INTERVALLE de SIXTE.

INTERVALLE DE SEPTIÈME

INTERVALLE D'OCTAVE.

Résumé des Intervalles.

Intonations à trouver

(1)

(1) La note donnée servant de point de départ, l'élève doit trouver seul l'intervalle.

Il faut apprécier mentalement les notes intermédiaires contenues du point de départ à la destination.

AVANTAGE DE L'ÉTUDE,

N.º 31.

NÉCESSITÉ DU TRAVAIL

N.º 32.

(1) Prononcer des paroles en émettant des sons musicaux c'est *chanter*.
Il faut rigoureusement observer les silences et en profiter pour respirer.
Il ne faut pas couper les mots c'est-à-dire qu'il ne faut respirer
qu'après chaque phrase ou après chaque membre de phrase.

Du point et de la mesure à trois temps

Prolongez la blanche pointée pendant la durée de 3 temps et accen_
tuez légèrement cette prolongation

N.º 33.

N.º 34.

N.º 35.

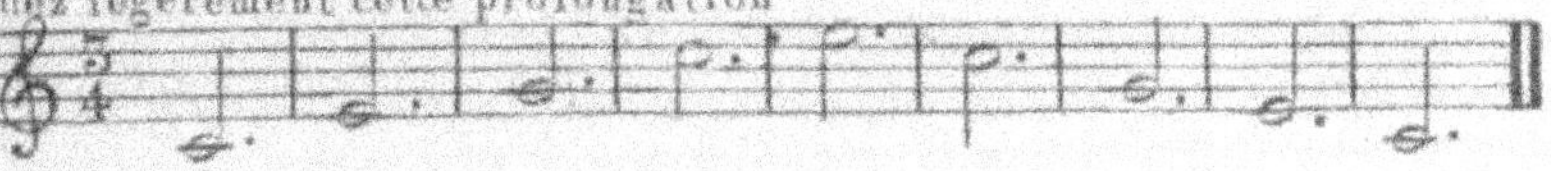

N.º 36.

N.º 37.

Syncope

N.º 38.

DEVOIRS ENVERS DIEU.

(1)

N.º 39.

(1) Une succession de plusieurs sons qui offrent à l'oreille un sens complet et
agréable, se nomme *Mélodie*.

A.L. 2340.

MESURE A DEUX TEMPS.

(1) La 1.ʳᵉ reprise 𝄆 Indique qu'il faut revenir au commencement et la dernière indique de revenir aux points qui sont en regard. Ex: 𝄆 𝄇

(1) L'effet du point étant de prolonger la note après laquelle il est placé de
la moitié en plus de la valeur ordinaire, nous donnerons par conséquent 3 temps
à la blanche pointée, et un temps $\frac{1}{2}$ à la noire pointée accentuez légèrement
cette prolongation.

PRIÈRE DE L'ENFANT.

N.º 55.

(1) Moderato.

Paroles de M.ᵐᵉ TASTU.

(1) On appelle *Harmonie* une suite d'accords combinés selon
les lois de Modulation.

SIGNES ALTERATIFS.

(1) Le double Dièze Hausse d'un ton l'istonation d'une note
(2) Le double Bémol Baisse d'un ton l'intonation d'une note.

FORMATION DES TONS.

(1) L'ordre des Dièzes procède par quintes ascendantes.

(2) L'ordre des Bémols procède par quartes ascendantes.

Lorsqu'il n'y a rien à la Clef on est en Do, lorsqu'il y a des Dièzes, la tonique se trouve un $\frac{1}{2}$ ton au dessus du dernier dièze et lorsqu'il y a plu-sieurs bémols, l'avant dernier indique toujours la note du ton.

(Il faut se rappeler qu'avec un seul bémol on est en Fa .)

A. L. 2340.

ARMURES DES DIFFÉRENTES TONALITÉS.

Une Gamme est majeure, lorsque la tierce est majeure (c'est à dire qu'elle contient
Une Gamme est mineure, lorsque la tierce est mineure (c'est à dire qu'elle ne contient
qu'un ton½.) La Gamme relative mineure se trouve une tierce mineure au dessous
de la Gamme Majeure.

(1) GAMMES DISPOSITIVES.

Gammes majeures *avec des Dièzes*.	*Gammes Relatives mineures* *avec des Dièzes*.
Do Majeur.	La Mineur.
Sol Majeur.	Mi Mineur.
Ré Majeur.	Si Mineur.
La Majeur.	Fa♯ Mineur.
Mi Majeur.	Do♯ Mineur.
Si Majeur.	Sol♯ Mineur.
Fa♯ Majeur.	Ré♯ Mineur.
Do♯ Majeur.	La♯ Mineur.

1) Ces gammes s'ajoutent aux exercices préparatoires et doivent toujours précéder chaque tonalité.

(1) GAMMES DISPOSITIVES.

Gammes majeures *avec des Bémols.*	*Gammes Relatives mineures* *avec des Bémols.*
Do Majeur.	La Mineur.
Fa Majeur.	Ré Mineur.
Si ♭ Majeur.	Sol Mineur.
Mi ♭ Majeur.	Do Mineur.
La ♭ Majeur.	Fa Mineur.
Ré ♭ Majeur.	Si ♭ Mineur.
Sol ♭ Majeur.	Mi ♭ Mineur.
Do ♭ Majeur.	La ♭ Mineur.

(1) Ces Gammes s'ajoutent aux exercices préparatoires, et doivent toujours précéder chaque tonalité.

Exercices pour préparer aux différentes tonalités.

N.º 58.

(1) Chacun de ces exercices ainsi que sa Gamme dispo-
-sitive doit être chanté avant chaque morceau.

A. L. 2340.

Suite des Exercices pour préparer aux différentes tonalités

(En Do majeur)

N°59

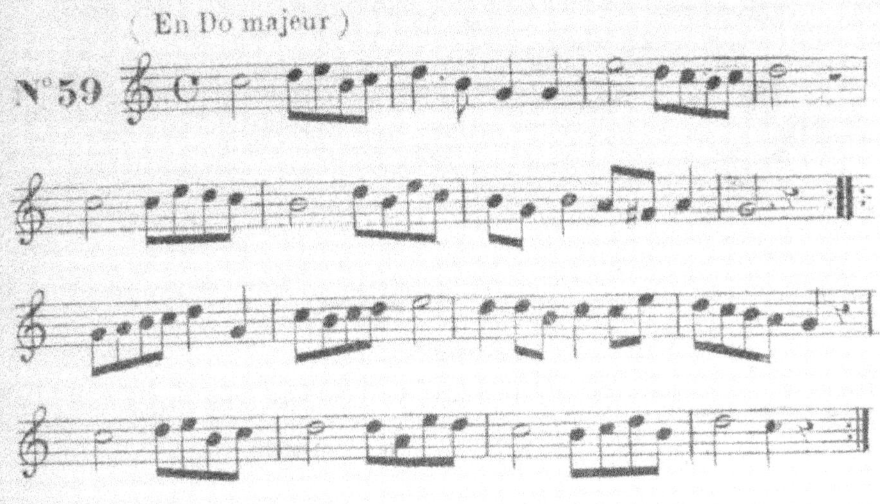

DEVOIRS ENVERS LES PARENTS.

Paroles de MOREL VINDE

Moderato.

N°60

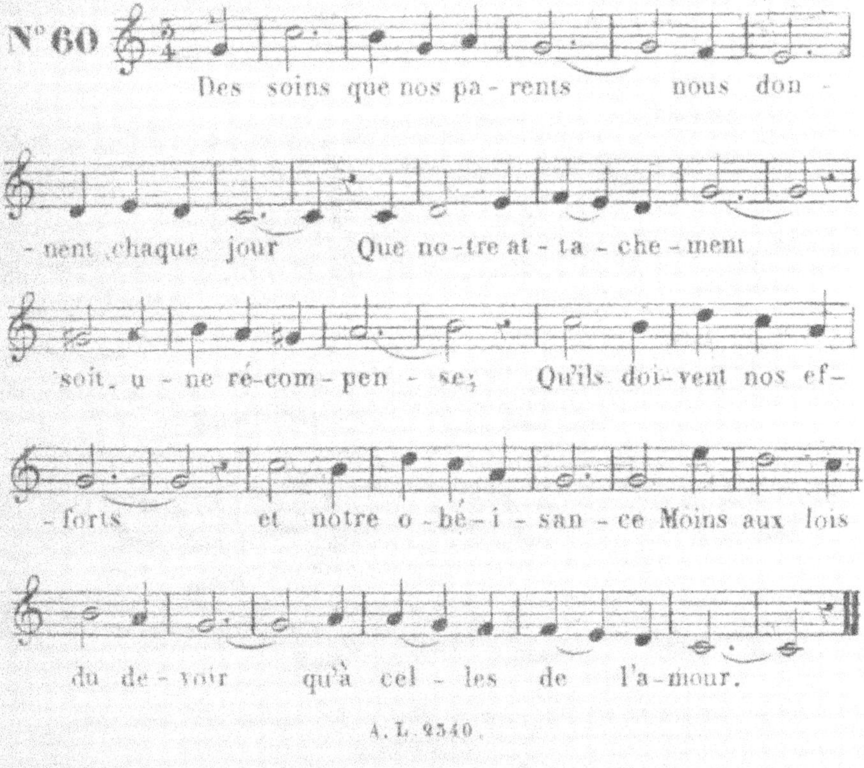

(1) Remplacer 1re fois, par 2e fois à la reprise du morceau.

A.L.2340.

DEVOIRS ENVERS LES INSTITUTEURS.

L'ANGE GARDIEN.

Andantino

Paroles de Mᵐᵉ TASTU.

A. L. 2340.

LA MODÉRATION.

(Ré majeur)

LE JOUR BIEN EMPLOYÉ.

(Si mineur.) Andante.
N.º 68.
Moderato.
N.º 69.

Allegretto

(La Majeur)
Cha - cun se dit a - mi, mais fou qui s'y re - po - se
Cha - cun se dit a - mi, mais fou qui s'y re - po - se
Rien n'est plus com - mun que le nom que le nom Rien n'est plus
Rien n'est plus com - mun que le nom que le nom Rien n'est plus
ra - re que la cho - se Rien n'est plus ra - re que la cho - se.
ra - re que la cho - se Rien n'est plus ra - re que la cho - se.
70.
71.
p
Moderato
1re f.
2e f.

(Fa ♮ mineur.)
N° 72
Moderato.
N° 73

LE NID DE FAUVETTES.

2ᵉ Couplet.	**3ᵉ Couplet.**

<table>
<tr><td>Mais quoi n'entends-je pas leur mère</td><td>Et je serais assez barbare</td></tr>
<tr><td>Qui pousse des cris douloureux</td><td>Pour vous arracher vos enfants</td></tr>
<tr><td>Oui je le vois oui, c'est leur père</td><td>Non, non que rien ne vous sépare</td></tr>
<tr><td>Qui vient voltiger auprès d'eux.</td><td>(Bis) Non, les voici je vous les rends.</td></tr>
</table>

4ᵉ Couplet.

Et moi dans la saison prochaine
Je reviendrai dans ces vallons
Dormir quelquefois sous un chêne
(Bis) Au bruit de leurs jeunes chansons.

48
Moderato.
(Do ♯ Mineur.)
N. 75

Mesure à 6/8.
MESURES COMPOSÉES.
N. 76

Mesure à 3/8.
N.

A.L.2340.

(1) On entend par *Triolet* un groupe de trois notes contenues dans la valeur ordinaire de deux c'est-à-dire le rhythme Ternaire compris dans le rhythme Binaire On place ordinairement un 3 sur chaque triolet.

Moderato.

N° 80

DES DOUBLES CROCHES.

Faire la Lecture Rhythmique de ces Exercices avant de les solfier et diviser chaque temps en quatre parties égales.

LA VIOLETTE.

All° Moderato
N° 85
Ai - ma - ble fil - le du prin-temps, Ti - mide a
Ai - ma - ble fil - le du prin-temps, Ti - mide a
-man-te des bo - cages, Ton doux par-fum flat - te nos sens, Et
-man-te des bo - cages, Ton doux par-fum flat - te nos sens, Et
tu sembles fuir nos hom-ma - ges, Comme le bienfaiteur di
tu sembles fuir nos hom-ma - ges, Comme le bienfaiteur di
- cret, Dont la main secourt l'in - di - gen-ce, Tu me pré-sent
- cret, Dont la main secourt l'in - di - gen-ce, Tu me pré-sent
le bien-fait, Et tu crains la re - con-nais-san-ce, Tu me p
le bien-fait, Et tu crains la re - con-nais-san-ce, Tu me p
-sen-tes le bien-fait, Et tu crains la re - con-nais-san-ce,
-sen-tes le bien-fait, Et tu crains la re - con-nais-san-ce,

L'APPUI FRAGILE.

Moderato

N° 84

A. L. 2340.

DANGER DE LA GRANDEUR.

Andantino.

Allo. Moderato.
(Mi ♭ majeur.)
No 87
Trop travail-ler ne peut que nui-re Ne fai-re rien est
Trop travail-ler ne peut que nui-re Ne fai-re rien est
en-cor pi-re Pour être heu-reux il faut sa-voir
en-cor pi-re Pour être heu-reux il faut sa-voir
il faut sa-voir joindre à pro-pos Le repos au tra-
il faut sa-voir joindre à pro-pos Le repos
vail le tra-vail au re-pos
au tra-vail le tra-vail au re-pos
Le re-pos au tra-vail Le tra-vail au re-pos.
Le repos au travail Le travail au re-pos
A. L. 2340.

Moderato.

N.º 88.

(Do mineur.)

N.º 89

L'ORANGE.

Moderato. (La♭ majeur.)

N.º 90.

A.L. 2340.

Andantino.
(FA mineur)
N.º 91.
Adagio.
N.º 92.
A. L. 2340.

Leçons sur les Appogiatures (ou petites notes)

(1) La petite note prend le nom de la note ordinaire et en partage la
valeur, à moins qu'elle ne soit indiquée brève, par un petit trait
qui la traverse

Une suite de petites notes (Grupetto.) s'ajoute aux valeurs ordinaires, mais ne fait point partie de la mesure .

APPRÉCIATION DES INTERVALLES

et
Dictée Musicale

N? 95.

N? 96.

Exercice de Dictée musicale.

N? 97.

L'élève devra d'abord trouver seul les intervalles compris dans les
Numéros 95 et 96   ensuite le maître lui faisant entendre l'Exercice
(N? 97   en le jouant sur un instrument ou par le moyen de la vocalisation)
l'Élève devra le transcrire et joindre la mesure à l'intonation

N.° 98.
1.re fois.
2.e fois.
1.re fois
2.e fois.

N.º 99.
f
N.º 100.

EXERCICES DE VOCALISATION.

) Chanter sur une seule voyelle c'est ce que l'on appelle Vocaliser
chaque note devant être attaquée franchement, on évitera de trainer
la voix d'un son à l'autre.

KYRIE.

Pour 3 voix égales.

N.º 103. Andante.

A. L. 2340.

A. L. 2340.

Nᵒ 106.

Andᵗᵉ Religioso.

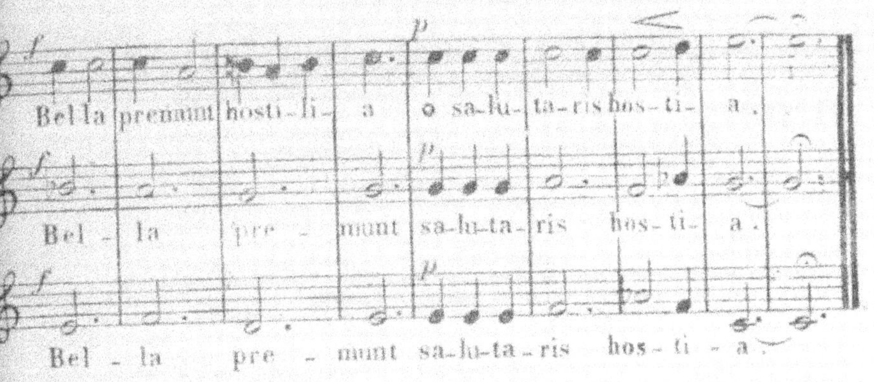

DE LA VENGEANCE.

Allegro.

N.º 107.

LA CHASSE.

Allegretto.

N.º 108.

SANCTUS.

à trois voix

et ter_ra Glo_ri _ a tu _ a Ho _
et ter_ra Glo_ri _ a tu_ a_ Ho _
et ter_ra Glo_ri _ a tu _ a Ho_
sanna in ex_cel_sis ho _ san_na in ex_cel_sis ho_
sanna in ex_cel_sis ho_san_na in ex_cel_sis ho_
sanna in ex_cel_sis ho_san_na in ex_cel_sis ho_
san_na ho_ san_na in ex_ cel _ sis in
san_na ho_ san_na in ex_ cel _ sis ho_san_na in
san_na ho_san_na in ex_ cel _ sis ho_san_na
ex _ cel _ sis in ex _ cel _ sis.
ex _ cel _ sis ho_san_na in ex _ cel _ sis.
in ex_cel_sis ho_san_na in ex _ cel _ sis.

A. L. 2346.

LES CONSEILS.

AGNUS DEI.

N.° 111. Andantino. Pour 3 voix égales.

- cem do - na no - bis pa - cem do - na no -
- cem do - na no - bis pa - cem do - na no -
- cem do - na no - bis pa - cem do - na no -
- bis do - na pa - cem do - na no - bis pa - cem A -
- bis do - na pa - cem do - na no - bis pa - cem A -
- bis do - na pa - cem do - na no - bis pa - cem A -
- gnus De - i qui tol - lis pec - ca - ta mun - di mi - se -
- gnus De - i qui tol - lis pec - ca - ta mun - di mi - se -
- gnus De - i qui tol - lis pec - ca - ta mun - di mi - se -
- re - re no - bis do - na no - bis pa - cem.
- re - re no - bis do - na no - bis pa - cem.
- re - re no - bis do - na no - bis pa - cem.

N.º 112

Allº moderato.
1ᵉʳ Soprano.
2ᵉ Soprano.
Alto.
Sa—lut hon-neur et gloire à no-tre chef ai-
Sa—lut hon-neur et gloire à no-tre chef ai-
Sa—lut hon-neur et gloire à
—mé Que son nom vé-né-ré reste à no-tre mé-moire reste
—mé Que son nom vé-né-ré reste à no-tre mé-moire reste
no-tre chef ai—mé Que son nom vé-né-ré reste à no-tre mé-
à notre mé-moire Que nos chants d'al-lé-gresse Cé-lèbrent en ce
à notre mé-moire Que nos chants d'al-lé-gresse Cé-lèbrent en ce
—moire no-tre mé-moire Que nos chants d'al-lé
jour ce-lui qui sur no-tre jeu-nes—se veil-le dans ce sé-
jour ce-lui qui sur no-tre jeu-nes—se veil-le dans ce sé-
—gresse cé—lèbrent en ce jour ce-lui qui
—jour ce-lui qui sur notre jeu-nes—se veil-le dans ce sé-jour.
—jour ce-lui qui sur notre jeu-nes—se veil-le dans ce sé-jour.
sur notre jeu—nes-se veil—le dans ce sé-jour dans ce sé—jour.

EXERCICES DE LECTURE SUR LA CLEF DE FA.

(à l'usage des Enfants qui se proposent d'Etudier le piano)

Notes placées au dessus de la portée.

N.º **115**.

Si   Ut   Ré   Mi   Fa

Exercice sur ces Cinq notes.

Notes placées au dessous de la portée.

Fa   Mi   Ré   Do   Si

Exercice sur ces Cinq notes.

Résumé.